NICOLAS DE CONDORCET

Un matemático al servicio de la libertad

Por Mélanie Mettra
Traducido por Laura Soler Pinson

Historia · en50MINUTOS.es

NICOLAS DE CONDORCET

- **¿Nacimiento?** El 17 de septiembre de 1743 en Ribemont (Francia).
- **¿Muerte?** El 29 de marzo de 1794 en Bourg-la-Reine (Francia).
- **¿Principales aportaciones?**
  - La aplicación de las matemáticas a la política.
  - La defensa de la república.
  - La lucha por la abolición de la pena de muerte y por una educación laica y gratuita.

El nombre de Nicolas de Condorcet forma parte de las referencias cotidianas para muchos franceses que acuden cada día a los colegios e institutos que le rinden homenaje. Aunque, efectivamente, se encuentra en la raíz de un proyecto de educación pública sin precedentes, apenas se conoce el alcance de la obra de este hombre de la Revolución francesa, que muere en la cárcel y no a golpe de guillotina, como muchos de sus contemporáneos.

El joven Condorcet, huérfano de padre y criado por una madre cuya devoción raya la superstición, se forja un carácter tenaz, más allá de su apariencia de persona tímida y amable. Gracias a su obstinación, este apasionado de las matemáticas consigue escapar a la carrera militar a la que estaba destinado y entra en la Academia de las Ciencias con tan solo 26 años. Su discreción en los salones donde frecuenta a los intelectuales más importantes de su época va cediendo ante la pasión que muestra frente a sus oponentes durante la Revolución francesa. Se alimenta de la filosofía ilustrada y se compromete en la vida política y, sobre esa base, elabora numerosos proyectos, tanto en el ámbito del comercio y del transporte como contra la esclavitud o en defensa de los derechos de las mujeres y de la tolerancia religiosa. Redacta una nueva constitución para la república que desea, cuando sus conciudadanos aún siguen soñando con una monarquía constitucional. Pero el filo del Terror no lo perdona. Se le acusa de haber rechazado la pena de muerte que se pronuncia durante el juicio a Luis XVI (1754-1793) y de haber rebatido con vehemencia la Constitución del Año I de 1794, por lo que durante casi un año vive en la clandestinidad. En ese momento, redacta una última obra magistral, *Bosquejo de un cuadro histórico de los progresos del espíritu humano*, auténtica profesión de fe de este hombre heredero de la Ilustración y precursor de un humanismo basado en la libertad y en la igualdad. Es arrestado el 27 de marzo y muere dos días más tarde en su celda.

BIOGRAFÍA

UNA INFANCIA MARCADA POR LA RELIGIÓN

Retrato de Nicolas de Condorcet, del pintor Jean-Baptiste Greuze.

Marie Jean Antoine Nicolas de Caritat, marqués de Condorcet, nace el 17 de septiembre de 1743, hijo de un padre capitán de caballería de la guarnición en Ribemont (departamento de Aisne, Francia), Antoine de Caritat (muerto en 1743), y de una joven viuda con la que Antoine se casa en marzo de 1740, Marie Madeleine Gaudry. La madre de Nicolas de Condorcet, de salud frágil y muy piadosa, se convierte en viuda por segunda vez tan solo un mes después de haber dado a luz a su hijo y lo cría sola bajo la tutela lejana de su cuñado, Jacques-Marie de Caritat (1703-1783), obispo de Gap. Nicolas, tras haber recibido una formación básica a domicilio a manos de un instructor jesuita, entra en el colegio de los jesuitas en Reims con 11 años. Allí pasa cuatro años en los que sufre la supervisión inquisidora, las vejaciones y los castigos de la orden religiosa, sin encontrar siquiera una satisfacción intelectual. Este periodo provoca que nazca en Nicolas de Condorcet un rencor tenaz hacia la religión católica y el germen de una conciencia pedagógica que se basa en el interés de los alumnos y en el respeto de los individuos, alejado del sistema de humillación de las instituciones religiosas.

EL DESCUBRIMIENTO DE LAS MATEMÁTICAS

En 1758, Condorcet abandona Reims para instalarse en París y estudiar en el Colegio de Navarra, cuya reputación se basa en la calidad de sus formaciones científicas. Allí descubre las matemáticas y la física, que se convertirán en su pasión de adolescente y de joven adulto. Cuando vuelve a Ribemont tras haber obtenido el título de bachiller, se encuentra con que su familia desea que siga una carrera militar. Tras negarse obstinadamente durante tres años, se sale con la suya y vuelve a París para estudiar geometría. Allí es alojado por su profesor, el abad Georges Girault de Kéroudon, y lleva una vida de asceta, completamente dedicada a las matemáticas, como cabe esperar de su carácter tímido. En 1764, con tan solo 21 años, entrega a la Academia de las Ciencias de Francia una primera tesis cuyo ponente no es otro que d'Alembert (filósofo y matemático francés, 1717-1783).

Retrato de Jean le Rond d'Alembert.

Es el inicio de un interés mutuo que acabará convirtiéndose en una profunda amistad. La publicación en 1765 de su tratado titulado *Sobre el cálculo integral*, seguido dos años más tarde de *Sobre el problema de los tres cuerpos*, y su participación en las *Memorias de Turín* entre 1766 y 1769 le abren las puertas de la Academia de las Ciencias el 25 de febrero de 1769. Obtiene el rango de socio el 15 de diciembre de 1770.

¿SABÍAS QUE...?

En la actualidad, el término «geómetra» se aplica a un profesional encargado de dibujar planos y documentos topográficos, pero no siempre ha tenido el mismo significado. Aunque la definición más común es la de «experto en geometría», lo cierto es que esconde una realidad más compleja. En el siglo XVIII, la geometría se considera la base de las matemáticas y, por extensión, el geómetra es un matemático. Dado que las matemáticas eran el ejemplo del ejercicio de la lógica y de la razón, son el camino hacia la filosofía y, de esta manera, el geómetra se convierte en un erudito.

LA ÉPOCA DE LAS AMISTADES Y DE LA FILOSOFÍA

Su amistad con d'Alembert le brinda al tímido y discreto Condorcet la compañía de intelectuales que van a marcar el desarrollo de su pensamiento filosófico. La pareja de d'Alembert, Julie de Lespinasse (mujer de letras y filósofa francesa, 1732-1776), organiza un salón en el que participa

Condorcet, quien conoce ahí a Jean-Jacques Rousseau (escritor y filósofo francés, 1712-1778), Étienne Charles de Loménie de Brienne (prelado y controlador general de las finanzas, 1727-1794), Condillac (filósofo francés, 1714-1780) y, sobre todo, Turgot (filósofo, economista y controlador general de las finanzas, 1727-1781). En 1770, tras un episodio de depresión de d'Alembert, este y Condorcet deciden realizar un viaje de placer en el que conocen a Voltaire (escritor y filósofo francés, 1694-1778).

Condorcet, en contacto con estas mentes brillantes, desarrolla su pensamiento filosófico, heredado de su experiencia de juventud, de su desconfianza hacia los poderosos —ya sean públicos o religiosos—, y de sus convicciones en cuanto a la libertad de pensamiento, los privilegios y las desigualdades y, sobre todo, en cuanto a la importancia de la instrucción y del saber. Ingresa en la Academia Francesa el 21 de enero de 1782.

SU ENTRADA EN POLÍTICA

Sus encuentros en el salón de Julie de Lespinasse y la vida política agitada de finales del siglo XVIII provocan que Condorcet salga de su retiro dedicado a las matemáticas. Aunque prosigue sus investigaciones, trabajando en particular sobre la estadística, que es una ciencia nueva, entra en el Gobierno junto con Jacques Turgot cuando este es nombrado controlador general de finanzas en agosto de 1774. Entonces, focaliza su trabajo en el comercio, del que defiende la libertad.

Al acceder a la función de inspector de la moneda en 1775, centra sus esfuerzos en la reforma del peso y de la medida. Pero las malas cosechas y las revueltas populares que de ellas derivan, así como la postura que adopta contra las corveas —con lo que señala con un dedo acusador los privilegios nobiliarios—, acaban con Turgot, que se ve obligado a dimitir en mayo de 1776. Aunque Condorcet mantiene su puesto hasta 1790, vuelve a su pasión inicial y, entre 1776 y 1777, participa en la redacción de la parte matemática del suplemento de la reedición de la *Enciclopedia*, a petición de d'Alembert. Cuando este último muere en 1783, retoma su correspondencia con Federico II de Prusia (1712-1786) y es admitido en las Academias de las Ciencias prusiana y rusa.

Al mismo tiempo, escribe panfletos en los que denuncia la esclavitud y la pena de muerte, se interesa por la Revolución estadounidense y entabla amistad con La Fayette (hombre político francés, 1757-1834). Durante una de sus luchas para la reforma de la legislación criminal, tras el juicio de tres campesinos acusados erróneamente de robo con violencia, conoce a quien se convertirá en su esposa, Sophie de Grouchy (1764-1822).

Autorretrato de Sophie de Grouchy.

El enlace se celebra el 28 de diciembre de 1786. A través del salón que regenta y de su trabajo traduciendo obras británicas y estadounidenses, Grouchy desempeñará un papel determinante en las luchas políticas que llevará a cabo Condorcet durante la Revolución francesa.

LA REVOLUCIÓN FRANCESA

Cuando se anuncia la reunión de los Estados Generales (1789), Condorcet experimenta la práctica política. Se presenta a las elecciones de los representantes en Mantes y en París, pero fracasa. Finalmente, el 18 de septiembre es elegido para entrar en el ayuntamiento de París, en el barrio de Saint-Germain.

También es la época en la que se suma al club de los jacobinos, a la vez que crea su propia sociedad en abril de 1790, donde se reúnen hombres políticos, como Jean Sylvain Bailly (1736-1793), Talleyrand (1754-1838) o Bertrand Barère (1755-1841), y hombres de ciencias y de letras, como Lavoisier (químico francés, 1743-1794) o André Chénier (poeta francés, 1762-1794). Gasta toda su energía en una actividad intelectual y de redacción intensa, presentando numerosos proyectos y escribiendo varios artículos en diversos periódicos, entre ellos, en el de su sociedad o en las *Chroniques de Paris* («Crónicas de París»), donde informa del día a día de la Asamblea entre 1791 y 1793. En sus panfletos y en sus manifiestos, siempre defiende la abolición de la esclavitud y de la pena de muerte, y apoya a las mujeres, a los protestantes y a los judíos, de los que recomienda el acceso a la ciudadanía.

Tras la huida de la familia real y su consiguiente arresto en Varennes (21 de junio de 1791) como consecuencia de la revuelta popular, Condorcet llama a la instauración de la república. Sus posturas valientes, incluso en esta época de cambios, le cuestan muchas amistades, tanto francesas como extranjeras, y enemistades profundas, en particular entre las filas de los jacobinos y de los montañeses en la Asamblea. Afín a los girondinos, aunque se va alejando de ellos progresivamente a partir de 1793, Condorcet es elegido diputado del departamento de Aisne en septiembre de 1791 en la nueva Asamblea Legislativa. Primero trabaja en el Comité de Instrucción Pública, donde pone a punto un proyecto ambicioso, antes de ser elegido presidente de la Asamblea en febrero de 1792.

En septiembre de ese mismo año, tras la caída del rey —cuya condena a muerte rechaza— y la proclamación de la república, se incorpora al comité encargado de la redacción de la nueva constitución francesa. Aunque su texto se considera demasiado complejo, el comité lo adopta, pero la Asamblea lo rechaza en la primavera de 1793, ya que prefiere el que los jacobinos del Comité de Salud Pública han propuesto. En julio, dadas sus simpatías girondinas y sus críticas virulentas hacia la nueva constitución, se presentan cargos contra Condorcet. Se esconde en casa de una amiga y redacta clandestinamente *Bosquejo de un cuadro histórico de los progresos del espíritu humano*. En marzo de 1794, cuando sus bienes han sido confiscados y ha sido declarado forajido (que significa pena de muerte sin juicio), sale de su refugio por miedo a comprometer a su anfitriona. En seguida es arrestado y encarcelado en Bourg-la-Reine (que se ha convertido en Bourg-Égalité). Muere en su celda dos días más tarde, el 29 de marzo.

CONTEXTO

EL SIGLO DE LAS LUCES

En el siglo XVIII aparece en Europa una nueva corriente de pensamiento, que se nutre de los avances técnicos y científicos que se viven en el continente. La filosofía de las Luces (que se opone a las sombras del oscurantismo), basada en el racionalismo y en la fe en el progreso material y humano, se apasiona por el conocimiento y el saber, y por su difusión. También muestra un gran interés por la naturaleza, lo que permite el desarrollo de la biología y de la botánica —tal y como se observa con la publicación en 1749 de la magistral *Historia natural* de Georges Louis Leclerc de Buffon (naturalista francés, 1707-1788)—, pero también de la física y de la química, en las que destacan nombres tan famosos como Lavoisier o Benjamin Franklin (físico, naturalista y hombre de Estado estadounidense, 1706-1790).

La *Enciclopedia* es el símbolo de este movimiento. En origen, iba a ser un diccionario de las artes y de las ciencias inspirado en una obra inglesa, pero su traductor, que no es otro que Diderot (filósofo francés, 1713-1784), transforma el proyecto en una creación original, un diccionario razonado, es decir, que sea a la vez un informe histórico y organizado de todos los logros humanos y que incluya la mirada filosófica que se tiene sobre ellos. Recurre a numerosos colaboradores de todas las áreas, como d'Alembert, en primer lugar, pero también como Rousseau, Voltaire, Turgot y el propio Condorcet.

ENCYCLOPÉDIE,

OU

DICTIONNAIRE RAISONNÉ

DES SCIENCES,

DES ARTS ET DES MÉTIERS,

PAR UNE SOCIÉTÉ DE GENS DE LETTRES.

Mis en ordre & publié par M. *DIDEROT*, de l'Académie Royale des Sciences & des Belles-Lettres de Prusse ; & quant à la PARTIE MATHÉMATIQUE, par M. *D'ALEMBERT*, de l'Académie Royale des Sciences de Paris, de celle de Prusse, & de la Société Royale de Londres.

Tantùm series juncturaque pollet,
Tantùm de medio sumptis accedit honoris ! HORAT.

TOME PREMIER.

A PARIS,

Chez
{ BRIASSON, *rue Saint Jacques, à la Science.*
{ DAVID l'aîné, *rue Saint Jacques, à la Plume d'or.*
{ LE BRETON, Imprimeur ordinaire du Roy, *rue de la Harpe.*
{ DURAND, *rue Saint Jacques, à Saint Landry, & au Griffon.*

M. DCC. LI.

AVEC APPROBATION ET PRIVILEGE DU ROY.

Portada de la *Enciclopedia*, editada bajo la dirección de Diderot y d'Alembert.

Los artículos recogen las principales posturas de los filósofos de las Luces. Estos defienden la libertad en todos los ámbitos. Los fisiócratas preconizan la no intervención del Estado en la economía, la supresión de todas las servidumbres (corveas, impuestos y tasas) para llegar a una libertad total del comercio y de la industria, y el acceso a una propiedad y al disfrute de la tierra por parte de los que la trabajan. Por su parte, Voltaire se implica en los asuntos judiciales sobre la intolerancia religiosa que golpea a los protestantes o a los blasfemadores, y los denuncia. Aunque algunos optan por una posición deísta y otros, por el ateísmo, todos los filósofos ilustrados están de acuerdo sobre la necesidad de deshacerse del yugo de la religión para alcanzar una libertad de conciencia plena en una sociedad laica.

VOLTAIRE Y LOS ERRORES JUDICIALES

En varias ocasiones, Voltaire toma su pluma para denunciar errores o injusticias del sistema judicial. El caso Calas es el de un rico comerciante de telas de Tolosa (Francia), Jean Calas (1698-1762), acusado de haber matado a su hijo, hallado ahorcado en la tienda. Sin duda, su protestantismo tuvo que ver en su condena a muerte y su ejecución en 1762. La intervención de Voltaire, en particular a través de su *Tratado sobre la tolerancia*, publicado en 1763, permite la revisión del juicio. Esta se termina con el reconocimiento póstumo de la inocencia de Calas y con la rehabilitación de su familia, que había sido declarada proscrita.

Jean Calas condenado a la tortura de la rueda.

También escribe sobre el caballero de La Barre (1747-1766), sin duda acusado erróneamente y, a continuación, decapitado por haber atentado contra un crucifijo al cortarlo y al haber colocado basura y excrementos a los pies de una estatua de Cristo.

En política, la libertad individual lleva a encontrar la legitimidad del poder en cada individuo y, por lo tanto, a favorecer la representatividad de la voluntad general, frente al autoritarismo de una oligarquía. En concreto, este pensamiento provoca que, en Francia, muchos pensadores rechacen todas las relaciones de dominación —vestigios del sistema feudal— que existen entre los nobles y el pueblo. El conjunto de estas libertades individuales está representado por los derechos humanos, que son inalienables y universales a la vez. Por lo tanto, deben aplicarse a todos los hombres y a todas las mujeres, sin importar su condición. De esta manera, siguiendo la línea de Montesquieu (escritor francés, 1689-1755), de Rousseau o de Louis de Jaucourt (filósofo francés, 1704-1780), la Ilustración denuncia la esclavitud, la pena de muerte y la tortura. El pensamiento filosófico del siglo XVIII es, ante todo, un cuestionamiento del orden establecido, una incitación al pensamiento crítico y a la reforma para el progreso de cada individuo y de la sociedad en su conjunto, para alcanzar la felicidad individual y el bien común.

UN REINO AL BORDE DEL PRECIPICIO

Cuando Condorcet accede a la función de inspector de finanzas junto a su amigo Turgot en 1774, Luis XVI acaba de subir al trono de Francia. El reinado de Luis XV (1710-1774), que primero se beneficia de una relativa prosperidad o, al menos, se libra de las grandes epidemias y de las importantes crisis alimentarias, termina marcado por el descrédito. Las derrotas militares contra Inglaterra, la presión fiscal y el anquilosamiento de las órdenes que mantienen las desigualdades y frenan el desarrollo económico y político generan un descontento que no es nuevo, pero que se manifiesta de una forma cada vez más flagrante en una población que aspira a ideales transmitidos por los filósofos de la Luces.

Durante los primeros años de su reinado, Luis XVI intenta acercarse a una visión más moderna del Estado. Envía tropas para apoyar a los estadounidenses en la guerra de Independencia (1775-1782) que los enfrenta a Inglaterra —aunque actúa más por su deseo de atacar a su enemigo hereditario que por una convicción real sobre el derecho de los pueblos a autogobernarse— y nombra a ministros imbuidos del espíritu de las Luces. Pero la crisis financiera que atraviesa el país acaba con sus intenciones originales. En efecto, la guerra, las malas cosechas y una gestión desastrosa sumen al Estado en un abismo financiero. Los gastos superan a los ingresos y, de estos, la mitad se dedica a pagar los préstamos contraídos para intentar llenar las arcas. Así, es necesaria una reforma fiscal profunda.

Pero las iniciativas de Turgot —aconsejado entre otros por Condorcet, inspector de la moneda— y, más adelante, de Jacques Necker (hombre de Estado y financiero suizo, 1732-1804), que lo sucede en 1776, se ven frenadas por la actitud hostil de los parlamentos, que temen perder sus privilegios. Charles Alexandre de Calonne (hombre de Estado francés, 1734-1802) intenta esquivar a estos últimos pidiendo que se reúna la Asamblea de Notables, que no había sido convocada desde los años 1626 y 1627. Pero esta también se opone a las propuestas de reformas y, en particular, a la creación de un nuevo impuesto que afecta directamente a los más ricos. Los sucesores de Calonne, ya sea Loménie de Brienne o Necker, que es llamado de nuevo en 1788, tampoco logran imponer su punto de vista. Frente a la rebelión del Parlamento de París y de los parlamentos de fuera de la capital tras el intento de Luis XVI de imponer sus propias decisiones sin consultar, el rey se ve obligado a reunir a los Estados Generales para que voten las reformas propuestas.

LOS INICIOS DE LA REVOLUCIÓN Y LA LLEGADA DEL TERROR

Esta reunión, que se inicia en mayo de 1789, está lejos de alcanzar el resultado esperado, ya que no solo no resuelve los problemas del reino, sino que precipita su caída. En efecto, debido a la amenaza de un voto por orden que lo dejaría en minoría, el tercer estado (ciudadanos que no pertenecen ni al clero, ni a la nobleza) se desvincula de la Asamblea y se reúne como la Asamblea Constituyente en la sala del Juego de la Pelota el 20 de junio. Al mismo tiempo, la población parisina se rebela y toma las armas de la Bastilla el 14 de julio. El 4 de agosto, se abolen los privilegios y se promulga la Declaración de los Derechos Humanos. Mientras la mayoría de los miembros de la Asamblea Constituyente trabaja sobre un texto que instaura una monarquía constitucional, empiezan a elevarse voces, como la de Condorcet, sobre un proyecto de república.

La vida intelectual y política alcanza su punto álgido en los salones y en los clubes, y aparece en los periódicos y en los panfletos. Se convierte en auténtica moderadora de los debates en la Asamblea Constituyente y es el motor de las reformas, pero también de la radicalización de las posturas. La Comuna de París, otro órgano poderoso de influencia y de protesta, se crea tras la toma de la Bastilla, con Jean Sylvain Bailly a la cabeza. Para la Comuna de París, se elige a dos representantes de cada distrito de la ciudad.

En el otoño de 1789, la Comuna llega a Versalles junto a los parisinos y se trae a la familia real, a la que se coloca a continuación en una residencia vigilada en el palacio de las Tullerías. La huida del rey en junio de 1791 y su posterior arresto lo obligan a adoptar la Constitución en septiembre. La Asamblea Legislativa, que sigue a la Asamblea Constituyente —cuyos trabajos acaban *de facto* con la adopción de la nueva constitución—, está dominada por los girondinos. Este grupo político, que defiende la Revolución a la vez que intenta desvincularse de los movimientos populares por considerarlos demasiado imprevisibles y violentos, y que propone una monarquía constitucional, se enfrenta al de los montañeses, firmes oponentes a la monarquía, respaldado por el club de los jacobinos y por las secciones parisinas. En 1792, los girondinos, de los que salen ministros del Gobierno elegidos por Luis XVI, votan en la Asamblea la declaración de guerra contra Austria. Pero las derrotas militares y el miedo a la invasión provocan la insurrección de las secciones parisinas el 10 de agosto y las masacres de septiembre. El rey es arrestado, encerrado en la cárcel del Temple, condenado a muerte y guillotinado el 21 de enero de 1793. Al mismo tiempo, una guerra enfrenta a Francia con casi toda Europa y, mientras tanto, en su propio territorio, estalla la guerra civil en la región de Vendée. En la primavera de 1793, en la Asamblea, los montañeses proceden a la eliminación de la región de Gironda y, en otoño, declaran a la patria en peligro e introducen el Terror. Muchos hombres políticos e intelectuales, como Condorcet, no escaparán al filo de la justicia terrorista.

MOMENTOS CLAVE

LAS MATEMÁTICAS AL SERVICIO DE LA VIDA POLÍTICA

Condorcet es ante todo un científico, un matemático. Pero como buen hombre de su época, impregnado por la filosofía de la Ilustración y heredero del humanismo del Renacimiento, concibe su actividad como algo que está al servicio de la sociedad. Esta forma un todo, y cada uno de sus aspectos —sociales, morales y políticos— deben darse a conocer a través de todos los medios que brinda la razón.

Las ciencias no se desvinculan de la política. Ambas disciplinas, que tienen en común el ejercicio del espíritu crítico, caminan juntas hacia el progreso de la humanidad. Asimismo, Condorcet se encuentra en la base de las matemáticas sociales, que se apoyan en tres principios: convertir el hecho humano en un conocimiento, racionalizable a partir de la ciencia, para elaborar una técnica de control. El 22 de junio y el 6 de julio de 1793, unos días antes de que se presenten cargos contra él, publica en el *Journal d'instruction sociale* («Periódico de instrucción social») que ha creado junto a Emmanuel Joseph Sieyès (hombre político francés, 1748-1836), un *Tableau de la science* («Cuadro de la ciencia») que tiene por objeto la aplicación del cálculo a las ciencias políticas y morales, en el que define esta nueva disciplina que desarrolla desde los años 1760. Según Condorcet, los hechos pueden traducirse en cálculos (cuya precisión supera la simple intuición), que a continuación permiten establecer el modelo de las situaciones para convertirlas en herramientas de previsión y de organización de los acontecimientos futuros. Así, aplica esta «aritmética política» —definida a principios de los años 1770— a la justicia, en respuesta a los asuntos que agitan el ámbito judicial y de los que se ocupa Voltaire. En efecto, puede ayudar a establecer la composición de los tribunales para obtener juicios y veredictos más justos y evitar de esta manera los errores judiciales. Gracias a un jurado lo más numeroso posible y lo más representativo posible de la situación social del acusado, se reduce la probabilidad de error y aumenta la de acercarse a la verdad.

Este análisis también se aplica al sistema electoral. En su *Ensayo sobre la aplicación del análisis a la probabilidad de las decisiones sometidas a la pluralidad de voces* (1785), demuestra que cuanto más amplio sea el electorado y mejor fijadas estén las variables, más se acercará a la voluntad general la elección de sus representantes. Con el nombre de «matemáticas sociales», Condorcet permite que se introduzcan en las ciencias sociales la estadística y la probabilidad, que hasta entonces eran muy rudimentarias y se limitaban a algunos ámbitos, como los juegos de azar. Gracias a la recogida generalizada y organizada de datos, propone determinar las influencias externas (clima, profesión, lugar de residencia, instrucción) sobre los comportamientos naturales y sociales, como la esperanza de vida o el voto. El cálculo permite establecer «co-existencias» (que en la actualidad llamamos «correlaciones») entre distintos datos.

La importancia de esta recogida de datos y su obligada organización, que Condorcet acompaña de una preocupación por definir una lengua universal, entre lengua común y lenguaje científico, lo lleva a elaborar un sistema de clasificación que será precursor del de Dewey. En efecto, propone que para cada dato se apliquen dos índices decimales que corresponden a variables que permiten identificar inmediatamente sus principales cualidades.

LA INSTRUCCIÓN, HERRAMIENTA DE LIBERACIÓN DE LOS HOMBRES

Para Condorcet, la conquista de la libertad de cada individuo pasa por el ejercicio del espíritu crítico, que solo puede agudizarse mediante la instrucción. Partiendo de esta idea, redacta un manual de enseñanza innovador, que publica de manera póstuma su esposa Sophie de Grouchy en 1799. Lleva una parte dedicada al alumno y otra al profesor, y se basa en una auténtica visión pedagógica de cómo acompañar a los alumnos en la toma de conciencia de su propia evolución intelectual.

En cierta manera, este manual es la conclusión práctica de un trabajo largo, que se remonta a su propia época como estudiante. Condorcet, marcado por las humillaciones y por la ausencia de relaciones pedagógicas entre sus profesores jesuitas y los alumnos, defiende una instrucción que desarrolla la curiosidad y la capacidad de cuestionar el mundo, con lo que se emancipa del aprendizaje obcecado de saberes inmutables, transmitidos por autoridades indiscutibles. En 1774, ya había propuesto una reforma de la investigación científica para estimular la actividad de las academias provinciales y obtener una mejor coordinación de los intercambios entre París y el resto del país. Pero se ignora

 su tesina, rechazada por unos poderes locales que no desean perder su influencia en los puestos de las provincias.

Cuando resulta elegido el 26 de septiembre de 1791 a la Asamblea Legislativa, entra en el Comité de Instrucción Pública. De hecho, la Constitución de 1791 prevé una instrucción común para todos, cuyas enseñanzas fundamentales (la lectura, la escritura y el cálculo) se proporcionarían gratuitamente. Así, el Comité se encarga de establecer el proyecto de organización. Condorcet, que es a la vez el redactor principal y el ponente, lo presenta en la Asamblea el 20 de abril de 1792. Se basa en la igualdad de medios que se brindan a cada niño para que acceda al conocimiento y, de esta manera, se forje su propio destino, según sus predisposiciones naturales. Reconoce el mismo derecho al saber permanente para todo el mundo, tanto niños como adultos, tanto hombres como mujeres. En concreto, el proyecto se articula en torno a una escuela primaria abierta a los niños de entre 6 y 10 años, donde se enseñaría la lectura, el álgebra y nociones de moral y de ciencias. Por su parte, la escuela secundaria acogería a alumnos de 10 a 16 años, y su ámbito de enseñanza se ampliaría a la historia, a la geografía, a las artes mecánicas, al dibujo, a las ciencias matemáticas, físicas y naturales y a la moral. A continuación, vendrían los institutos y los liceos (que equivalen a las universidades). Toda esta estructura estaría coronada por una Sociedad Nacional de las Ciencias y de las Artes, que sustituiría a todas las academias.

Se aseguraría la gratuidad y se instauraría un sistema de becas para los más desfavorecidos. También se toma como principio la laicidad. Dado que la escuela tiene que ser un instrumento que sirva para que las mentes se liberen de toda doctrina, debe independizarse de la autoridad religiosa, pero también de cualquier dogma intelectual o pedagógico. Sin embargo, este plan de instrucción de los futuros ciudadanos libres se somete a la Asamblea el mismo día que la declaración de guerra del reino de Francia a Austria y, por lo tanto, se posterga. En el clima de tensiones políticas que marcan los siguientes meses, se abandona el proyecto, ya que recibe muchas críticas porque reposa sobre una élite intelectual (que conformaría la Sociedad Nacional) que, por ende, no es igualitaria.

DEFENDER LA LIBERTAD: UNA MENTE ILUSTRADA

Ya sea a través del conocimiento, del saber o de la racionalización, Condorcet solo tiene un *leitmotiv*: la libertad y la igualdad de los hombres. A lo largo de toda su vida, denuncia todas las instituciones que ponen trabas a ello. En su primer combate, se enfrenta a la Iglesia, motivado por su desgraciada experiencia con los jesuitas. Entre 1773 y 1774, redacta cientos de páginas en las que denuncia la opresión católica que se ejerce sobre sus fieles y las masacres que se cometen en su nombre, ya sea en Tierra Santa o contra los protestantes y los judíos. No obstante, esta crítica no lo lleva por el camino del ateísmo —ya que se trata de una posición doctrinaria, algo a lo que se niega—, sino que predica la libertad de conciencia. Su lucha encuentra eco en la Declaración de los Derechos Humanos y en la concesión de la nacionalidad a los protestantes en 1789 y a los judíos franceses en 1791.

A finales del siglo XVIII, la igualdad que prevé la Declaración de los Derechos Humanos todavía se concibe solo para los ciudadanos masculinos. En 1790, en su tratado titulado *Sobre la admisión de las mujeres al derecho de ciudadanía*, Condorcet pide el acceso a la ciudadanía para las mujeres, señalando la absurdidad de negarles cualquier cualidad política, cuando en otros países están ejerciendo la función de reina o de emperatriz, apartando el argumento de que sus embarazos las privan de su facultad de juicio e, incluso, rechazando el reproche habitual sobre el sentimentalismo femenino que Condorcet atribuye, ante todo, a una falta de educación que puede paliarse a través de la instrucción.

También se subleva desde muy temprano contra la pena de muerte, insistiendo sobre la hipocresía de castigar un crimen con un procedimiento que es igual de criminal. En su correspondencia con su amigo Turgot, a finales de los años 1760 y principios de 1770, se posiciona a favor de la abolición de la tortura y defiende la instrucción pública de los procesos y la elección de los jurados por sorteo, apoyándose en el modelo británico de la justicia criminal. Con su negativa a votar la condena a muerte de Luis XVI se gana las iras de los montañeses, que ven en este gesto una simpatía disimulada hacia la monarquía.

Otro de los grandes combates de Condorcet es el de la abolición de la esclavitud. Este heredero de Montesquieu y de Voltaire publica en 1774 *Remarques sur les pensées de Pascal* («Comentarios sobre los pensamientos de Pascal») y, en 1781, *Reflexiones sobre la esclavitud de los negros* (publicado en Suiza bajo el pseudónimo de Joachim Schwartz), en los que expone su visión sobre la esclavitud. Denuncia un crimen que los más fuertes cometen sobre los más débiles, y que favorece el enriquecimiento personal de algunos privilegiados, gracias al ahorro producido por la ausencia de salarios. Para poner remedio a esta situación, propone que los esclavos cultiven las tierras como granjeros o como obreros. Para dar cuerpo a sus palabras, desde 1789 entra en la Sociedad de Amigos de los Negros, fundada un año antes, y se convierte en su presidente en 1790. Sin embargo, la Sociedad adopta una posición ambigua con respecto a la esclavitud. Aunque denuncia la trata de seres humanos, considera que la esclavitud todavía es necesaria desde un punto de vista económico. No obstante, Condorcet se distingue de sus colegas con la propuesta de una emancipación gradual vinculada a una educación previa. Pero al plantear esto, se ganan el odio feroz de los plantadores y de las empresas coloniales. En efecto, estas últimas los acusan de ser responsables de las revueltas que se producen entre las poblaciones negras y mulatas de Saint-Domingue y reprochan a Brissot (hombre político francés, 1754-1793) su postura contra el decreto del 24 de septiembre de 1791, que otorga todo el poder a las asambleas coloniales para decidir sobre los hombres de color (mulatos).

PENSAR LA REPÚBLICA

Los ideales de igualdad y de libertad de Condorcet y su rechazo profundo a cualquier forma de opresión y de humillación no podían contentarse con una monarquía, aunque esta hubiese sido constitucional. En contra de lo que le reprochan sus oponentes jacobinos y montañeses, es republicano desde hace mucho tiempo y no circunstancialmente. Admirador de la Revolución estadounidense —que lo acerca de La Fayette, pero también de Benjamin Franklin y de Thomas Paine (escritor y hombre político inglés, 1737-1809)—, en seguida desarrolla un pensamiento político republicano. En un primer momento se conforma con la monarquía, llegando incluso a defenderla durante la revuelta de los parlamentos entre 1750 y 1775, y en 1778 —ya que no cree que los parlamentarios se opongan con esas revueltas al despotismo, sino que, más bien, albergan un deseo de defender sus privilegios. Sin embargo, los primeros logros revolucionarios no lo satisfacen: considera que son demasiado vagos y moderados. La Declaración de los Derechos Humanos también lo decepciona y Condorcet critica las disposiciones constitucionales que prevén una cámara alta con un papel a la vez deliberativo y decisorio. Aunque aprueba la abolición de los privilegios, considera que es engañosa, ya que estos siguen causando estragos en formas menos visibles inmediatamente. También lamenta que se mantenga el vínculo entre la fiscalidad y el derecho de voto que propone Sieyès, de quien está cerca a pesar de todo.

Construye este pensamiento y lo confronta con el de sus contemporáneos en los salones a los que acude, como el de Julie de Lespinasse, pero sobre todo en los que crea y modera, en particular con su mujer. Así, en el otoño de 1788, la Sociedad de los Treinta que agrupa a intelectuales y a parlamentarios es una especie de club de reflexión y un instrumento de influencia en la vida política. El 12 de abril de 1790, crea la Sociedad de 1789, reservada a una élite compuesta por filósofos, hombres políticos y científicos, cuya misión es redactar una constitución libre.

Para acabar, expone su posición decididamente republicana tras la huida de la familia real a Varennes y funda en junio de 1791 una Sociedad Republicana con Thomas Paine. Se niega a poner a la cabeza del país a un rey traidor y perjurio, así que manda que se cuelgue en todos los muros de la capital su manifiesto, en el que llama a la población a que se pronuncie a favor de la república. Tras esto, Condorcet es abucheado en la Asamblea, que se muestra proclive al mantenimiento de la monarquía constitucional, única garante de una cierta estabilidad. Así, pierde algunos amigos, como La Fayette, que se ha acercado a la familia real, y se le acusa de estar en la raíz del tiroteo del 17 de julio de 1791 en el Campo de Marte. Durante una manifestación en ese parque, en la que unos peticionarios —que, según algunos, respondían a la llamada de Condorcet— reclamaban la participación popular en los procesos de decisión, la guardia nacional dispara sobre la multitud, causando la muerte de una decena de personas.

CONSTRUIR LA REPÚBLICA

Entre 1774 y 1790, durante su colaboración con Turgot como consejero y, más adelante, como inspector general de las finanzas, Condorcet intenta instaurar las bases de una sociedad liberal, siempre recurriendo a su visión progresista del hombre y a su saber científico. Con la idea de favorecer el comercio y de promover la libre circulación y el libre cambio de los productos alimenticios —en particular del trigo—, se interesa por los canales y, a partir de ahí, por la ciencia hidráulica y por la mecánica de los fluidos. Preconiza la supresión de los molinos a orillas de los canales, ya que estorban la progresión de las embarcaciones, propone que se construya un canal que una el Loira y el Sena y trabaja en el canal de Briare, donde aumenta su rendimiento. El 13 de septiembre de 1774, el ministerio de Turgot logra obtener un decreto del Consejo que establece la libertad del comercio de los granos y de las harinas.

Condorcet, encargado de la unificación de los pesos y de las medidas, coordina la recopilación de información local ante administradores provinciales y propone que se adopte como unidad de medida la longitud del péndulo que marca el segundo en la latitud 45° por encima del nivel de mar. Prepara todas las tablas de conversión con las unidades que hasta entonces se utilizaban. Este proyecto, que se abandona a causa de la caída de Turgot, acabará completándose cuando, en 1791, una comisión de la Academia de las Ciencias, de la que forma parte Condorcet, proponga un sistema decimal para los pesos y las medidas, tomando como patrón el metro, unidad de longitud que se corresponde con la diezmillonésima parte del cuarto del meridiano terrestre (desde el Polo Norte hasta el ecuador).

En 1775, apoya a Turgot —que prepara sus edictos liberales, entre los que se encuentra el de suprimir la corvea—, en un texto virulento que denuncia a los más ricos, que prefieren explotar la fuerza de trabajo de los más pobres en vez de darles un poco de sus recursos superfluos.

Cuando estallan los primeros acontecimientos de la Revolución que está por llegar, Condorcet se implica en la vida política presentándose a las elecciones. Aunque las primeras se saldan con un fracaso, el 18 de septiembre de 1789 entra en el consejo municipal de París y, a continuación, en la Asamblea Legislativa, de la que es presidente entre el 2 y el 19 de febrero de 1792, y en la Convención. Tras la creación de los departamentos en 1790, algo que acoge positivamente, participa con Sieyès en la organización de las municipalidades y de las divisiones territoriales.

Como experto economista, en varias ocasiones da la voz de alarma con respecto al estado de las finanzas de Francia, a los riesgos que se corren con la venta masiva de los bienes nacionales confiscados a la Iglesia y a la emisión excesiva de asignados (los billetes de la época). Pero su mayor logro como diputado es la redacción de una nueva constitución. Cuando ingresa en el Comité de Constitución el 29 de septiembre de 1792, retoma en su proyecto la Declaración de los Derechos Humanos de 1789 y sus ideas de libertad, de propiedad, de seguridad y de resistencia a la opresión, y resalta una nueva base de la sociedad a la que aspira: la igualdad y el derecho a la instrucción. Convierte la libertad del comercio y de la industria en un principio constitucional, y lo mismo hace con la limitación de poderes. Todos deben provenir de las elecciones con sufragio universal en la que participan ciudadanos y ciudadanas mayores de 21 años, franceses o extranjeros, residentes en Francia desde al menos un año. Desde las municipalidades hasta las instancias judiciales, desde los diputados hasta los ministros, todos deben ser designados por el pueblo que, además, dispone de un derecho a convocar las asambleas locales para pedir que se reexamine una ley o, incluso, para proponer revisiones constitucionales. El poder legislativo está encarnado por una cámara elegida por un año, mientras que el ejecutivo está representado por un gobierno compuesto por siete ministros y dotado de una presidencia rotatoria de un año. Este gobierno está controlado a la vez por el cuerpo legislativo, que puede presentar cargos contra él, y por un jurado elegido por el pueblo.

Pero esta constitución, presentada en la Asamblea el 15 de febrero de 1793, es rechazada, ya que se considera que está demasiado detallada y, sobre todo, que es demasiado compleja por el hecho de recurrir constantemente al voto popular y por la duración restringida de los mandatos, lo que no garantiza la estabilidad política y la de las instituciones. El gran proyecto político de Condorcet, que podría haber sido el broche de oro de su larga travesía hacia la democracia y hacia la república, acaba convirtiéndose finalmente en su pérdida.

REPERCUSIONES

UNA HUIDA MARCADA POR EL PENSAMIENTO

Mientras que los montañeses deciden poner un punto final a la supremacía de los girondinos en la Asamblea recurriendo a la violencia, se presentan cargos contra el propio Condorcet el 8 de julio. El resentimiento que él mismo ha generado en su contra, como el de Marat (hombre político francés, 1743-1793), ofendido por su expulsión de la Academia de las Ciencias unos diez años atrás, o el de Robespierre (hombre político francés, 1758-1794), que le reprocha su postura contra la muerte del rey y a favor de la guerra, encuentra una excusa para condenarlo cuando, supuestamente, se dirige por escrito a los administradores del departamento de Aisne para incitarlos a sublevarse contra la constitución montañesa. Huye de su domicilio el 9 de julio, adopta el nombre de Pierre Simon y se refugia en casa de una amiga, Rose Marie Vernet, la viuda del pintor Joseph Vernet (1714-1789). Por su parte, Sophie de Grouchy vive de los retratos que dibuja en un pequeño apartamento en Auteil.

Durante su retiro, retoma la redacción de *Bosquejo de un cuadro histórico de los progresos del espíritu humano*, en el que describe la evolución del pensamiento en nueve épocas. La última de ellas constituye a la vez una historia de la Ilustración y su propio testamento político. Expone el progreso de la ciencia, de las artes, de la política y sus deseos para el futuro, su visión de una sociedad ideal basada en la facultad de la mente humana para liberarse de la historia y crear las condiciones necesarias para realizarse.

En octubre, es condenado a muerte. Condorcet, que cada vez está más aislado y que teme por la vida de su mujer, que acude con frecuencia a verlo, de su hija Eliza, nacida en la primavera de 1789, de sus amigos y también de su anfitriona, se hunde en una depresión agravada por su divorcio. Es Sophie quien lo pide, no por desamor, sino para protegerse a ella y a su hija del cerco de la justicia y para poder acceder a la herencia de su madre, ya que está en una situación financiera crítica. El divorcio se pronuncia en enero de 1794. El 13 de marzo, se le declara forajido, lo que le condena a una ejecución sin juicio, la misma pena que le espera a todo aquel que sea presunto cómplice. En contra de la opinión de Rose Marie Vernet, abandona el domicilio de esta última el 24 de marzo de 1794 para no perjudicarla. Se dirige a casa de sus amigos de juventud, los Suard, que le ofrecen refugio durante unas horas.

A continuación, deambula de pueblo en pueblo, hambriento, desaliñado y sin papeles, a pesar de que Jean-Baptiste Suard (escritor francés, 1732-1817) intenta suministrárselos, y para en un albergue en Clamart. Su aspecto llama la atención del encargado, jacobino, y de otro cliente, miembro de una sociedad popular, que lo denuncian al Comité de Vigilancia. Dado que no puede demostrar su identidad (se presenta como Pierre Simon, lacayo), es encarcelado en Bourg-Égalité (Bourg-la-Reine) el 27 de marzo. Dos días más tarde, es hallado muerto en su celda. Se barajan varias hipótesis sobre su fallecimiento: ¿se trata de un suicidio tras la ingesta de un veneno que llevaría en un anillo, que le habría procurado su amigo y cuñado Pierre Jean Georges Cabanis (médico y filósofo francés, 1757-1808)? Sin embargo, no se menciona esta joya en el inventario de bienes que se redacta tras su defunción y los síntomas de su muerte no parecen coincidir con un envenenamiento. Así, queda la posibilidad de que se produjera un accidente vascular, algo probable, dados los últimos meses de vida de Condorcet. Pero sin que se conozcan con certeza las causas de su muerte, el cuerpo es arrojado a la fosa común.

Durante la conmemoración del bicentenario de la Revolución francesa en 1989, se le dedica una ceremonia a Condorcet en el Panteón, donde se coloca una placa en su nombre. Unos meses ante, cuando el presidente de la República, François Mitterrand (1916-1996), propone que se trasladen las cenizas de Condorcet al Panteón, el senador Jacques Habert (1919-2012) le dirige una pregunta en la que plantea el problema del cuerpo de Condorcet. ¿Cómo se pueden desplazar las cenizas de un cuerpo que desapareció en la fosa común de un cementerio que ya no existe? El ministro de Cultura de la época, Jack Lang (nacido en 1939), responde que, en realidad, se trata de un traslado simbólico, y que se colocará una placa en la cripta que ya acoge al abate Henri Grégoire (hombre de iglesia y político, 1750-1831) y al geómetra Gaspard Monge (1746-1818).

PERPETUIDAD DE LOS IDEALES DE CONDORCET

Aunque ninguno de los combates de Condorcet llegó a buen puerto a lo largo de su vida, lo cierto es que obtiene un auténtico reconocimiento a lo largo de los siglos XIX y XX. A partir de 1795, ya se opera una cierta rehabilitación, cuando la Asamblea Termidoriana realiza un encargo de 3000 ejemplares del *Bosquejo*.

Sus investigaciones sobre el sistema métrico y sobre el catastro inspirarán a los sucesivos Gobiernos hasta el Imperio de Napoleón; la esclavitud termina por abolirse, primero temporalmente y, en 1848, de manera definitiva, bajo una Segunda República marcada por la figura de François Arago (físico y hombre político francés, 1786-1853), admirador de Condorcet y editor de sus obras. La Tercera República le brinda su reconocimiento con las leyes de Jules Ferry (hombre político francés, 1832-1893) sobre la instrucción laica y gratuita (1879-1881) entre otras. Así, a pesar de todo, han continuado su camino las ideas políticas y filosóficas de Condorcet, que comparte un número extenso de pensadores de su época, pero que a menudo son demasiado complejas y, quizás precoces en el marco de la Revolución francesa. A finales del siglo XX, además de su celebración en el Panteón, la Liga Francesa de Enseñanza y Educación Permanente crea en 1987 círculos Condorcet por todo el país, con el objetivo de formar a ciudadanos ilustrados, y en 1994, el programa Condorcet, que propone formaciones destinadas a los elegidos.

Las matemáticas sociales, que los hombres del siglo XIX desprecian en cierta medida dado que eran reacios a insertar el hecho humano en marcos científicos, se ven rehabilitadas a partir de la década de los cincuenta, y el desarrollo de la estadística en las ciencias sociales demuestra el potencial de la obra de Condorcet.

En filosofía, inspira nuevas corrientes, como el positivismo de Auguste Comte (1789-1857). Este último lo reconoce como padre espiritual, a pesar de que sus posiciones se diferencian en la relación entre el progreso y la mente humana, la historia y el derecho natural. No obstante, comparten la convicción de que el saber es un motor social, siempre y cuando constituya un sistema completo y, sobre todo, comparten la fe en la evolución positiva y optimista hacia una revelación de la mente y, por lo tanto, hacia una sociedad mejor.

UNA OBRA DENSA, ENTRE REALISMO E IDEALISMO

La obra de Condorcet, que primero se compone de escritos matemáticos y de disertaciones científicas, en seguida se enriquece con ensayos económicos, filosóficos y políticos. Se presenta en forma de obras, de ensayos y de panfletos que publica con su nombre o con su pseudónimo —algunos incluso se han atribuido a Voltaire, que a veces se ha sentido ofendido— o como artículos de periódicos. Algunas de sus obras son publicadas de manera póstuma por su mujer y, a mediados del siglo XIX, son compiladas y reeditadas por su cuñado, Arthur O'Connor (general y hombre político irlandés, 1763-1852) y por François Arago.

En todos sus textos, Condorcet defiende una libertad basada en la propiedad del cuerpo y de sus medios de subsistencia y, por extensión, en la propiedad de las cosas (tierra, instrumentos de trabajo, capital, etc.). Es el mismo planteamiento que motiva su discurso contra la esclavitud y que se encuentra en su proyecto de constitución. Pero dado que no fija los límites de los derechos de los propietarios y el ejercicio de su libertad, se ve rápidamente confrontado a las críticas que lo acusan de querer fundar una sociedad desigual, en la que los ricos propietarios tendrían todo el poder para ejercer lo que considera legítimo en nombre de la libertad. También denuncian la apropiación y el disfrute de lo que tendrían que ser bienes comunes. Esta observación también se aplica a su concepción de la sociedad, en la que cada uno tiene su sitio, pero en la que los más brillantes constituyen una élite que se encarga de iluminar a sus conciudadanos. Así, se inscribe en la línea de los demócratas liberales, convencidos de que, si se deja que los hombres sean libres, la naturaleza tiende a reducir las desigualdades y la satisfacción del interés individual sirve a la del interés común. Esta postura liberal se encuentra en su concepción de la instrucción: no se trata de fundar una sociedad perfecta, sino de que cada uno haga su propio camino, según sus predisposiciones naturales, que no son iguales. Por lo tanto, a través de sus escritos, Condorcet defiende mucho más la libertad, la independencia y el derecho a que todos puedan acceder por igual a las mismas que una igualdad estricta que impondría el poder político, en contra de un orden natural compuesto por jerarquías.

Toda su obra muestra la evolución y la complejidad del pensamiento de Condorcet. En efecto, es común observar en él un cambio de opinión, según sus lecturas o dependiendo de los acontecimientos. Así, defiende la paz en muchos escritos de los años 1780, pero se muestra a favor de la guerra en 1792 para mostrar la falsedad del rey y para liberar a los pueblos europeos de sus propios opresores. Sus escritos son a veces contradictorios, por lo que a menudo presenta tensiones entre idealismo y realismo. Como muchos de sus contemporáneos, se sitúa en la transición entre dos épocas, por lo que todavía está impregnado por la cultura del Antiguo Régimen y, a la vez, se ve transformado por la precipitación de los acontecimientos.

EN RESUMEN

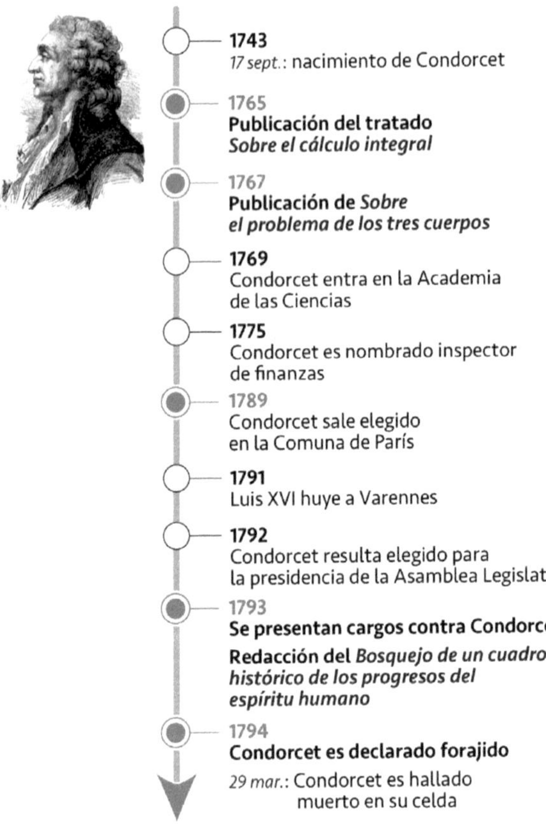

1743
17 sept.: nacimiento de Condorcet

1765
Publicación del tratado
Sobre el cálculo integral

1767
Publicación de *Sobre*
el problema de los tres cuerpos

1769
Condorcet entra en la Academia
de las Ciencias

1775
Condorcet es nombrado inspector
de finanzas

1789
Condorcet sale elegido
en la Comuna de París

1791
Luis XVI huye a Varennes

1792
Condorcet resulta elegido para
la presidencia de la Asamblea Legislativa

1793
Se presentan cargos contra Condorcet

Redacción del *Bosquejo de un cuadro*
histórico de los progresos del
espíritu humano

1794
Condorcet es declarado forajido
29 mar.: Condorcet es hallado
muerto en su celda

- Nicolas de Condorcet nace el 17 de septiembre de 1743. Es huérfano de padre desde su nacimiento y quienes lo crían son su madre y un tío, que lo destinan a una carrera militar. Recibe una educación impartida por los jesuitas que le marcará profundamente. Descubre las matemáticas a los 15 años y, cuando entra en el Colegio de Navarra de París, abraza una carrera de geómetra, en contra de la opinión de su familia.

• Sus cualidades llaman la atención de los miembros de la Academia de las Ciencias y, en particular, de d'Alembert, con quien frecuentará a los intelectuales más eminentes de la Ilustración. A los 26 años se convierte en académico y, a continuación, colabora en la reedición de la *Enciclopedia*.

• Es nombrado inspector de finanzas junto a su amigo Turgot en 1775. Pone a punto una reforma sobre los pesos y las medidas y crea una comisión que se encarga de estudiar los canales fluviales para iniciar una profunda reforma de la economía.

• Al mismo tiempo, desarrolla un pensamiento político basado en la libertad y en la igualdad, y defiende la supresión de las servidumbres, la abolición de la esclavitud o la libertad de conciencia.

• En 1788, se casa con Sophie de Grouchy, que regentará uno de los salones más brillantes de la época revolucionaria y que desempeñará un papel decisivo en la construcción y la transmisión de la conciencia política de su esposo, en particular a través de su trabajo de publicación tras la muerte de Condorcet.

• En septiembre de 1789, Condorcet resulta elegido en la Comuna de París. En 1791, tras la huida del rey a Varennes, reclama la instauración de la república. Elegido para la Asamblea Legislativa, de la que se convierte en presidente en 1792, se posiciona a favor de una auténtica revisión de las finanzas, que siguen estando en una situación crítica, del regreso de los emigrantes y de una guerra de defensa del derecho de los pueblos a autogobernarse. Dentro del Comité para la Instrucción Pública, propone un proyecto completo que sienta las bases de una instrucción laica y gratuita.

- En septiembre de 1792, entra en el Comité de Constitución y redacta el texto que debe impulsar el progreso de la República francesa. Pero la Asamblea la rechaza, ya que prefiere el texto que elaboran los montañeses.
- Durante la purga que los montañeses llevan a cabo en la Asamblea contra los girondinos, se presentan cargos contra Condorcet, cercano a estos últimos. Huye y se esconde hasta marzo de 1794. Mientras deambula sin papeles de pueblo en pueblo, es arrestado y encarcelado en Bourg-la-Reine. Muere en su celda el 29 de marzo de 1794.

PARA IR MÁS ALLÁ

FUENTES BIBLIOGRÁFICAS

* Badinter, Elisabeth y Robert Badinter. 1988. *Condorcet, un intellectuel en politique*. París: Fayard.
* Biard, Michel, Philippe Bourdin y Silvia Marzagalli. 2009. *1789-1815. Révolution, Empire, Consulat. Histoire de France*. París: Belin.
* Bosc, Yannick. 2011. "Liberté et propriété. Sur l'économie politique et le républicanisme de Condorcet". *Annales historiques de la Révolution française*. Octubre-diciembre. Consultado el 18 de mayo de 2017. http://ahrf.revues.org/12215
* Decotte, Georges y Hélène Sannah. 1989. *XVIIIe siècle. Itinéraires littéraires*. París: Hatier.
* Feldman, Jacqueline. 2005. "Condorcet et la mathématique sociale". *Mathematics and Social Sciences.* Invierno. Consultado el 18 de mayo de 2017. https://msh.revues.org/2955
* Nicolet, Claude. 1996. "Condorcet 1794-1994". *Mélanges de l'École française de Rome. Italie et Méditerranée*, volumen 108, n.º 2, 617-625. Consultado el 18 de mayo de 2017. http://www.persee.fr/doc/mefr_1123-9891_1996_num_108_2_4459

FUENTES COMPLEMENTARIAS

* Chouillet, Anne-Marie. "Jean Antoine de Condorcet". *Dictionnaire des Journalistes.* Consultado el 18 de mayo de 2017. http://dictionnaire-journalistes.gazettes18e.fr/

journaliste/190-jean-antoine-de-condorcet
- Clauzade, Laurent. 2002. "Auguste Comte et la naturalisation de l'esprit". *Methodos*. Consultado el 18 de mayo de 2017. http://methodos.revues.org/61
- Germier, Christophe. 2011. *Sociabilité savant et transmission des savoirs dans les éloges des académiciens de l'Académie royale des sciences par le marquis de Condorcet*. Disertación de primer curso de Máster, Universidad de Grenoble.
- Gillard, Lucien. 1996. "Condorcet, deux autres paradoxes?". *Annales. Histoire, Sciences Sociales*, volumen 51, n.º 1, 201-214. Consultado el 18 de mayo de 2017. http://www.persee.fr/doc/ahess_0395-2649_1996_num_51_1_410840
- Le Chapelain, Charlotte. 2010. "L'instruction publique de Condorcet, progrès économique et réflexions sur la notion de capital humain". *Revue économique*. Presses de Sciences Po.

FUENTES ICONOGRÁFICAS

- Retrato de Nicolas de Condorcet, del pintor Jean-Baptiste Greuze. La imagen reproducida está libre de derechos.
- Retrato de Jean le Rond d'Alembert. La imagen reproducida está libre de derechos.
- Retrato de Jacques Turgot. La imagen reproducida está libre de derechos.
- Autorretrato de Sophie de Grouchy. La imagen reproducida está libre de derechos.
- Portada de la *Enciclopedia*, editada bajo la dirección de Diderot y d'Alembert. La imagen reproducida está libre

de derechos.
- Jean Calas condenado a la torturade la rueda. La imagen reproducida está libre de derechos.